Ficha Catalográfica
(Preparada na Editora)

Xavier, Francisco Cândido, 1910-2002.

X19t   Todo dia : manhã / Francisco Cândido Xavier / Espíritos Diversos. Araras,
1ª edição, IDE, 2015.
192 p.
ISBN 978-85-7341-658-9

1. Espiritismo 2. Mediunidade -
Pensamentos I. Espíritos Diversos.
II. Título.

CDD-133.9
-133.91

Índice para catálogo sistemático:

1. Espiritismo 133.9
2. Mediunidade: Espiritismo 133.91

Todo Dia

- MANHÃ -

ISBN 978-85-7341-658-9

1ª edição - maio/2015
8ª reimpressão - setembro/2024

Copyright © 2015,
Instituto de Difusão Espírita - IDE

Conselho Editorial:
Doralice Scanavini Volk
Wilson Frungilo Júnior

Produção e Coordenação:
Jairo Lorenzeti

Capa:
César França de Oliveira

Revisão de texto:
Mariana Frungilo Paraluppi

Diagramação:
Maria Isabel Estéfano Rissi

Parceiro de distribuição:
INSTITUTO BENEFICENTE BOA NOVA
Fone: (17) 3531-4444
www.boanova.net
boanova@boanova.net

INSTITUTO DE DIFUSÃO ESPÍRITA - IDE
Rua Emílio Ferreira, 177 - Centro
CEP 13600-092 - Araras/SP - Brasil
Fones (19) 3543-2400 e 3541-5215
CNPJ 44.220.101/0001-43
Inscrição Estadual 182.010.405.118
www.ideeditora.com.br
editorial@ideeditora.com.br

Todos os direitos reservados. Nenhuma parte desta publicação pode ser reproduzida, armazenada ou transmitida, total ou parcialmente, por quaisquer métodos ou processos, sem autorização do detentor do copyright.

CHICO XAVIER

Todo Dia

- MANHÃ -

ide

Apresentação

Chico Xavier, o grande médium e apóstolo do bem, nos legou reais e insofismáveis ensinamentos de caridade, desprendimento, humildade e exemplos de imensurável amor ao próximo.

Através de seu trabalho mediúnico, propiciou-nos também vastíssima quantidade de comunicações vindas do Plano Espiritual, sempre a nortear-nos os passos em direção à paz e à felicidade.

Neste livro, publicamos pequenos trechos de diversas obras de sua autoria mediúnica, com o singelo e despretensioso objetivo de proporcionar ao leitor, a qualquer momento do dia, um breve instante de reflexão, meditação e oração.

Alegria da prece

Os Espíritos sempre disseram: "A forma não é nada, o pensamento é tudo. Orai, cada um, segundo as vossas convicções e o modo que mais vos toca; um bom pensamento vale mais que numerosas palavras estranhas ao coração."

("O Evangelho Segundo o Espiritismo", Cap. 28, Coletânea de Preces Espíritas, IDE Editora.)

Sugestão para a manhã

Espíritos bem-amados, anjos guardiães, vós a quem Deus, em sua infinita misericórdia, permite velar pelos homens, sede meus protetores nas provas da minha vida terrestre. Dai-me a força, a coragem e a resignação; inspirai-me tudo o que é bom e detende-me na inclinação do mal; que vossa doce influência penetre minha alma; fazei com que eu sinta que um amigo devotado está perto de mim, que vê meus sofrimentos e partilha minhas alegrias.

E vós, meu bom anjo, não me abandoneis; tenho necessidade de toda a vossa proteção para suportar com fé e amor as provas que aprouver a Deus me enviar.

("O Evangelho Segundo o Espiritismo", Cap. 28,
Coletânea de Preces Espíritas, IDE Editora.)

Pai Nosso que estais nos Céus,
santificado seja o vosso nome!
Venha o vosso reino!
Seja feita a vossa vontade,
na Terra, como no Céu!
Dai-nos o pão de cada dia.
Perdoai as nossas dívidas como
nós as perdoamos àqueles
que nos devem.
Perdoai as nossas ofensas
como perdoamos àqueles que
nos ofenderam.
Não nos abandoneis à tentação,
mas livrai-nos do mal.
Assim seja.

("O Evangelho Segundo o Espiritismo", Cap. 28,
Coletânea de Preces Espíritas, IDE Editora.)

1

"

Se o Orgulho te diz:
"Não cedas!"
Aprende a esquecer-te,
auxiliando sempre.

"

2

"

Se pretendes respirar
Os dons da eterna alegria,
Ajuda, perdoa e serve
Na bênção de cada dia.

"

3

"

Ore sempre.

A oração é o momento de luz, para o nosso encontro íntimo com o amparo de Deus.

"

4

"

Recorda o sacrifício dos pioneiros do progresso que te precederam na jornada humana, para que avances na Terra sem a cegueira da ingratidão.

"

5

"

Compreende e auxilia sempre...

Serve e continua...

Quem se faz útil auxilia a construção do Reino Divino na Terra, e quem realmente ama a Deus sacrifica-se pelo próximo, fazendo a vida aperfeiçoar-se e brilhar.

"

6

"

Jesus nos recomenda amar os inimigos e nos adverte de que a única energia suscetível de remover o mal e extingui-lo é e será sempre a força eterna do bem.

"

7

"

Estime a sua indepen-
dência.

Respeite, todavia, a liber-
dade dos semelhantes.

"

8

"

No mundo de hoje, há boa vida e há vida boa.
Boa vida é bem-estar.
Vida boa é estar bem.

"

9

"

Considere os seus triunfos.
Não desmereça, contudo,
as conquistas alheias.

"

10

"

Não cobres tributos de gratidão.

Abstém-te de destacar os defeitos do próximo, reconhecendo que todos nós temos ainda o lado escuro do próprio ser por iluminar.

"

11

"

Regra Áurea: "faça ao próximo aquilo que você deseja lhe seja feito".

"

12

"

Jesus escolheu a cruz da renunciação à maneira de trono para a suprema vitória.

Nem conforto entre os homens, nem piedade para si mesmo.

Somente o amor puro, embora sangrando, mas de braços abertos.

"

13

"

Perdoe os adversários.

Desculpe, todavia, aos amigos quando aparentemente lhe firam o coração.

"

14

"

Estuda o quadro que te emoldura as atividades e anotarás de que ponto deves partir, na conquista pela melhoria.

"

15

"

Talvez não percebas. Entretanto, cada dia, acrescentas algo de ti ao campo da vida.

"

16

"

Acreditemos ou não, tudo o que sentimos, pensamos, dizemos ou realizamos nos define a contribuição diária no somatório de forças e possibilidades felizes ou menos felizes da existência.

"

17

"

Perante alguém a condenar alguém,

Destacando algum mal que cometeu,

Se te inclinas ao fogo da censura,

Dize contigo assim: "Se fosse eu..."

"

18

"

Se pretendes auxiliar a alguém, começa mostrando alegria.

A conversa triste com os tristes deixa os tristes muito mais tristes.

"

19

"

Problemas de quem ama,
em luta e prova,
Sejam teus, sejam meus...
Quem os conhecerá desde o princípio?...
Quem os verá?... Só Deus.

"

20

"

As almas, na essência, são semelhantes às plantas no solo do mundo.

Observa, desse modo, o que produzes.

"

21

"

Não desprezes o pouco que se possa fazer pela felicidade dos semelhantes, recordando que mais vale um pão nas horas de necessidade e carência que um banquete nos dias de saciedade e vitória.

"

22

"

O silêncio e a prece são os antídotos do mal, amparando o Reino do Senhor, ainda nascente no mundo.

"

23

"

Analisa a própria crença
Onde colocas a fé,
Segundo aquilo que pensa,
Assim a pessoa é.

"

24

"

Cada dia é oportunidade de ascensão ao melhor.

Cada tarefa edificante é degrau com que podemos subir às esferas superiores.

"

25

"

Paz e libertação, esperança e alegria dependem de sua própria atitude.

"

26

"

Vive com Jesus, na intimidade do coração, não te afastes d'Ele em tuas ações de cada dia e o livro de tua vida se converterá num poema de felicidade e num tesouro de bênçãos.

"

27

"

A educação é longo processo de trabalho, entre o dever e a disciplina, em que a dor é sempre a nossa mestra apropriada e benevolente.

"

28

"

O amor é a soma dos bens
Que a todos pertencerão.
Felicidade, onde esteja,
Resulta da divisão.

"

29

"

Toda vitória se fundamenta na perseverança, pois sem espírito de sacrifício ninguém concretiza os seus ideais.

"

30

"

Na luta a desafiar-te,
Trabalha, serve, confia...
Recorda que, em toda parte,
Deus pode, Deus vê, Deus guia.

"

31

"

O dia de melhorar é este mesmo em que nos achamos.
Nem ontem, nem amanhã, mas agora...

"

32

"

Vale-te do dia para criar valores novos e substanciais que te enriqueçam a vida.

"

33

"

Não esmoreças no bem,
Nos dias de sombra e prova,
Quem trabalha acha em si mesmo
A força em que se renova.

"

34

"

O caminho da felicidade, bem sei qual é. É o caminho que Jesus nos apontou, ensinando-nos a "amar ao próximo, tal qual Ele mesmo nos ama e nos amou".

"

35

"

Diante de todos os episó-
dios constrangedores, silencia,
onde não possas auxiliar.

"

36

"

Toda caridade encontra início na gentileza.

"

37

"

A paz nasce na mente de cada um. Precisamos doar a nossa paz àqueles que nos cercam, a fim de recolhê-la dos outros.

"

38

"

A vida é um dom de Deus que nos cabe aperfeiçoar cada vez mais, valorizando-a pela utilidade que possamos ter em favor dos outros e pela aquisição de conhecimento ou recursos dignos que nos façam cada vez mais úteis.

"

39

"

Cada dia, na Terra, a vida recomeça em teu coração.

Não te detenhas em dúvidas e incertezas.

Vale-te do dia para a sementeira do bem.

"

40

"

Quem delibera sair
Do dever a executar
Vê quão fácil é partir,
Como é difícil voltar!...

"

41

"

Ora e segue adiante.

O horizonte é sempre mais nobre, e a estrada, sempre mais sublime, desde que a oração permaneça em tua alma em forma de confiança e de luz.

"

42

"

Nas amarguras da vida,
Aceita a prova como é;
Dificuldade é a medida
Que avalia a nossa fé.

"

43

"

Recorda as bênçãos que possuis, a fim de que não entregues a própria mente a desequilíbrios que não convêm.

"

44

"

Não esperes o sofrimento para bendizer a felicidade perdida.

Trabalha, realiza, procura o bem e aperfeiçoa-te agora.

"

45

"

Se escutares na estrada
Que essa ou aquela criatura
vive errada,
Abençoa, trabalha e silencia...

"

46

"

Se procuras, porém, a união com o Senhor, repara o que dizes e como dizes, observa os afetos a que te unes e a maneira pela qual estimas a alguém.

"

47

"

Por piores sejam as circunstâncias, não devemos desistir de trabalhar na seara do bem, porque, por mais difícil que seja a situação, poderemos ouvir a voz da esperança, afirmando-nos que Deus nunca exigiu nos aperfeiçoássemos de um dia para outro, e que, por isso mesmo, Jesus, o Divino Companheiro, nunca nos abandona em caminho.

"

48

"

Somos filhos de Deus, em desenvolvimento, e temos o livre-arbítrio para acelerá-lo, aceitando as injunções da luta, ou para atrasá-lo, com a nossa preferência pelo repouso ou pela inércia.

"

49

"

Se os entes queridos não são os companheiros ideais que julgávamos fossem, então é preciso compreender mais e servir mais.

"

50

"

Traze tua alma às tarefas do bem e estarás fazendo o melhor.

Não te prendas nas impressões de ontem nem te amedrontes à frente do amanhã.

Hoje é o nosso dia de começar.

"

51

"

Perdoa mil vezes antes de reprovar uma só e ingressarás nos altos segredos do bem.

Recordemos em quantas ocasiões necessitamos da compaixão do próximo para desfazer os nossos erros.

"

52

"

Não te queixes, nem discutas.

A discussão acalorada deixa o coração encharcado de azedume.

"

53

"

Se não consegue obter a afeição daqueles a quem mais ama, não esqueça de se dedicar aos que amam a você, especialmente quando necessitem de seu concurso.

"

54

"

Lembra-te de que, falando ou silenciando, sempre é possível fazer algum bem.

"

55

"

Procuremos a felicidade de Jesus, para que este mundo se levante para a felicidade perfeita.

"

56

"

O essencial não é o tamanho do bem que se queira, e sim, o tamanho do amor que você coloque no bem que se decida a fazer.

"

57

"

Em qualquer prova, na qual, porventura, te encontres, arma-te de paciência e coragem e não abandones as obrigações que te competem.

"

58

"

Observa o que desejas e o que fazes, a fim de que ajuízes, com segurança, sobre a felicidade que procuras.

"

59

"

Ama a tarefa que tens
E o dever que ela te aponta;
Sobre os problemas dos outros,
Não formam em nossa conta.

"

60

"

Melhore tudo, dentro de você, para que tudo melhore ao redor de seus passos.

"

61

"

Não te esqueças da higiene de tuas mãos, contudo, guarda vigilância para com aquilo que fazes.

"

62

"

No tempo que se consome,
Vê lá como te desdobras.
O mundo te sabe o nome,
O Céu te vê pelas obras.

"

63

"

Cultiva o entendimento, mobilizando a ti mesmo no caminho do amor, e despertarás entre os homens a caridade que é senda de luz para a Vida Maior.

"

64

"

Lembra-te de que só o amor pode curar as chagas da penúria e da ignorância e aprende a doá-lo aos que te rodeiam nas maneiras em que te exprimes, porque a caridade não é uma voz que fala, mas um poder que irradia.

"

65

"

Cada dia é novo dia...
Observa onde te colocas.
Não faças hora vazia
Chorando desilusões.

"

66

"

A Lei de Deus determina, em qualquer parte, seja o mal destruído, não pela violência, mas pela força pacífica e instrutiva do bem.

"

67

"

Observa o valor do tempo.
Age para o bem de todos.
Serve sem reclamar.
Atende aos próprios deveres com alegria.

"

68

"

Injúrias e incompreensões
Que vêm te visitar?
Guarda silêncio e caminha...
O tempo é que vai falar.

"

69

"

Se nos propomos a atingir as Moradas do Amor e da Sabedoria, na Luz Imperecível, aprendamos a renunciar a nós mesmos, avançando, corajosamente, sob a cruz dos deveres de cada dia, a fim de encontrarmos o Cristo em nossa desejada renovação.

"

70

"

Quem elege no silêncio
O apoio de cada dia
Faz-se ponte de harmonia
Para o serviço da paz.

"

71

"

A felicidade, se ainda não é deste mundo, já pode ser encontrada no Espírito que realmente a procura na alegria de dar de si mesmo, de sacrificar-se pelo bem comum e de auxiliar a todos.

"

72

"

Trata a todos por irmãos,
Usa o verbo bem composto,
O sorriso de bondade
É um arco-íris no rosto.

"

73

"

Perante a amargura alheia,
Aprende, observa e cala,
Não toques ferida alheia
Quando não possas curá-la.

"

74

"

Se desejamos a paz com a natureza, procuremos agir com ela dentro do equilíbrio com que somos por ela beneficiados.

"

75

"

Sofres as farpas da sombra
Em tua própria vivência;
Usa a luz da paciência,
Com essa luz, vencerás.

"

76

"

De todas as mensagens que provavelmente aguardas do Além, nenhuma delas mais expressiva que a do Cristo no Evangelho: "ama e serve".

"

77

"

Ser grande, à frente dos homens, é sempre fácil. A astúcia consegue semelhante fantasia sem qualquer obstáculo.

Mas ser pequenino, diante das criaturas, para servirmos realmente aos interesses do Senhor, junto da Humanidade, é trabalho de raros.

"

78

"

Sofre a frieza em casa,
Nas atitudes de alguém?
Entrega este assunto a Deus,
Não queira mudar ninguém.

"

79

"

Enquanto alimentarmos o mal em nossos pensamentos, palavras e ações, estaremos sob os choques de retorno das nossas próprias criações dentro da vida.

"

80

"

Os Mensageiros do Senhor estão junto de nós, e por nós, e jamais nos abandonam. Ainda assim, mesmo quando o auxílio de que necessites se te pareça demorar, continua fiel ao dever de servir, porque o barulho da queixa ou a gritaria da revolta podem talvez dificultar o socorro que vem vindo.

"

81

"

Se procuramos a paz com os amigos, perdoemos a todos sem reclamar as faltas que nos ofertem.

"

82

"

Pela oração, a criatura se dirige mais intensamente ao Criador, procurando-Lhe apoio e bênção, e, através da ação, o Criador se faz mais presente na criatura, agindo com ela e em favor dela.

"

83

"

Por maiores as tuas dificuldades, não esmoreças.

Prossegue trabalhando e esperando, na trilha das obrigações que a vida te afirmou, porque Deus está agindo para resguardar-te em segurança e oferecer-te o melhor.

"

Praticando
O Evangelho no Lar

Se você gostou da proposta deste livro, de ler pequenos trechos diariamente para ajudar na reflexão de suas atitudes, acreditamos que também irá gostar de ler "O Evangelho Segundo o Espiritismo" e de praticar o Evangelho no Lar.

"O Evangelho Segundo o Espiritismo" nos remete às máximas morais de Jesus, em consonância com os ensinamentos dos Espíritos, proporcionando-nos tranquilidade, paz e felicidade quando seguidas por nós.

Uma obra que nos ensina, estimulando o nosso raciocínio para as verdades da vida, trazendo paz e esperança.

"O Evangelho Segundo o Espiritismo" é o livro base para realizarmos o Evangelho no Lar, pois, através de explicações claras e confortadoras, orienta-nos a reflexão e a reforma íntima, na senda de Jesus, que é a mais absoluta e única maneira de nos libertarmos de todos os sofrimentos que impingimos a nós mesmos.

Além disso, "O Evangelho Segundo o Espiritismo" pode ser lido de maneira continuada ou aberto ao acaso, a qualquer hora ou momento do dia, proporcionando-nos momentos de reflexão e comunhão com os ensinamentos de Jesus. A seguir, breve roteiro para aqueles que desejam implementar o Evangelho no Lar.

COMO FAZER

1. Determinar um dia da semana e um horário específico.

2. Obedecer o horário e estimular a presença dos participantes, a

fim de que os Espíritos tenham um ambiente propício às suas atividades assistenciais nos dois planos da vida.

3. É interessante que todos os membros da família participem, mas nada impede a realização da prática se apenas você se interessar em praticá-la. Procure um local da casa no qual não seja interrompido.

4. É aconselhável que todos se sentem ao redor de uma mesa para participarem do estudo e a consequente permuta de impressões e esclarecimentos sobre o texto enunciado.

5. Disponibilizar um copo com água para cada participante, facilitando, assim, uma fluidificação da mesma de acordo com as necessidades de cada um. A água deve ser bebida somente ao final.

6. A reunião deverá ser iniciada com uma prece, em voz alta, por um dos presentes, expressa de maneira simples, sempre usando o coração, sem a necessidade de frases ricamente elaboradas. Essa prece tem a finalidade de preparar o equilíbrio dos participantes, solicitando que cada um se desligue dos problemas do dia a dia e volte sua atenção e

pensamento para os ensinamentos de Jesus.

7. Em seguida, iniciar a leitura de "O Evangelho Segundo o Espiritismo" abrindo uma página ao acaso, permitindo, assim, que a Espiritualidade possa interagir nesse processo, pelo qual a página escolhida esteja condizente com as maiores necessidades do grupo.

8. Escolher um trecho do Evangelho que não seja longo demais, podendo, inclusive, dividi-lo para ler sua continuação na reunião seguinte. E após a leitura, deixar a palavra

livre, numa sequência combinada, para que os integrantes façam perguntas ou comentem sua interpretação, sempre no sentido de extrair o melhor para a evolução de todos, numa melhoria de seus atos no dia a dia.

9. Não é aconselhável manifestações mediúnicas, tais como comunicações orais de Espíritos, psicografias ou passes, sendo que essas atividades devem ser realizadas nos Centros Espíritas.

10. Nas reuniões do Evangelho no Lar, as atitudes de seus participantes

são muito importantes para que o estudo transcorra em um clima de muita paz e de suaves emanações fluídicas. Por esse motivo, deve-se evitar assuntos que encerrem censuras, julgamentos, comentários daninhos ou inferiores dirigidos a pessoas, a religiões ou qualquer outro tipo de diálogo não edificante.

11. Nada impede que crianças participem, mas, nesse caso, e conforme o assunto, adequar a reunião ao entendimento delas. E essa é uma boa prática porque, aos poucos, e, gradativamente, elas muito irão aprender.

12. Em seguida, faça uma rogativa a Deus, a Jesus e aos Espíritos do Bem, em favor da harmonia do lar e dos familiares encarnados e desencarnados, extensiva também à paz entre os povos;

13. Faça uma prece de encerramento, agradecendo o amparo dos Benfeitores Espirituais. Após a prece, sirva a água fluidificada a todos os participantes.

Bibliografia

As mensagens deste livro, psicografadas por Francisco Cândido Xavier, foram extraídas das obras abaixo descritas, todas da IDE Editora:

ABRIGO, ALMA E LUZ, APOSTILAS DA VIDA, ATENÇÃO, BRILHE VOSSA LUZ, CARIDADE, COMANDOS DO AMOR, COMPANHEIRO, DINHEIRO, ENCONTRO DE PAZ, ENCONTROS NO TEMPO, INDULGÊNCIA, MÃOS MARCADAS, MÃOS UNIDAS, NO PORTAL DA LUZ, PALAVRAS DE CHICO XAVIER, SEMENTE, SERVIDORES DO ALÉM, TEMPO DE LUZ, TRILHA DE LUZ, VIAJOR, VISÃO NOVA, E DOS ANUÁRIOS ESPÍRITAS DOS SEGUINTES ANOS: 66, 67, 68, 69, 70, 72, 73, 74, 75, 76, 77, 79, 81, 82, 83, 84, 85, 86, 88, 91, 93.

idelivraria.com.br

Pratique o "Evangelho no Lar"

Aponte a câmera do celular e
faça download do roteiro do
Evangelho no Lar

Ide editora é nome fantasia do Instituto de Difusão Espírita, entidade sem fins lucrativos.

◉ ideeditora   ⓕ ide.editora   ⓧ ideeditora

◄◄ **DISTRIBUIÇÃO EXCLUSIVA** ►►

boanova editora

Av. Porto Ferreira, 1031 | Parque Iracema
CEP 15809-020 | Catanduva-SP
📞 17 3521.4444   🟢 17 99257.5523

◉ boanovaed
▶ boanovaeditora
ⓕ boanovaed
🌐 www.boanova.net
✉ boanova@boanova.net

Fale pelo whatsapp

Acesse nossa loja